Pour le PRÉFET
LE SECRÉTAIRE GÉNÉRAL

# NOTES

sur

# UN VOYAGE EN ITALIE

PAR M. C. RENAULT.

NANTES,
M<sup>me</sup> V<sup>e</sup> CAMILLE MELLINET, IMPRIMEUR,
place du Pilori, 5.
L. MELLINET ET C<sup>ie</sup>, succ<sup>rs</sup>.

1889

# NOTES

## SUR

# UN VOYAGE EN ITALIE

### PAR M. C. RENAULT.

(Lues en séance, le 2 décembre 1888.)

Plusieurs d'entre vous, Messieurs et chers Collègues, sachant que je viens de faire un voyage en Italie, m'ont demandé de leur faire part de mes impressions. Je me rends très volontiers à leur désir, mais ce n'est pas sans réclamer votre indulgence.

Un de nos grands poètes a dit :

> Ce que l'on conçoit bien, s'énonce clairement,
> Et les mots pour le dire arrivent aisément.

Ce que j'ai si bien ressenti, ce que je ressens encore si vivement, vous le dirai-je de même? Quoi qu'il en soit, je m'estimerai très heureux si je puis vous faire comprendre quelques-unes des joies que j'ai éprouvées et deviner les précieux souvenirs qu'un pareil voyage procure à l'esprit, et cela pour toute la vie.

Si vous le voulez bien, Messieurs et chers Collègues, nous

partirons tout de suite, nous sommes pressés, nous avons 4,520 kilomètres à parcourir ; et, entraînés par la vapeur, nous nous arrêterons un instant seulement à Tarare pour vous faire remarquer les admirables points de vue que les montagnes du Forez procurent au voyageur ; puis, continuant notre route, nous traverserons rapidement Lyon, grande et belle ville, aux larges rues, aux vastes promenades, dominée de toute part par des coteaux élevés, ce qui lui donne un aspect tout particulier.

En quittant Lyon, nous franchissons le Rhône et nous atteignons rapidement les premiers contre-forts des Alpes. Nous parcourons alors de nombreuses vallées souvent si étroites que la voie ferrée en occupe entièrement le fond. Partout, nous voyons beaucoup de noyers et quelques vignes qui semblent peu vigoureuses. Nous sommes sur les bords du lac du Bourget, si remarquable par la limpidité de ses eaux et leur couleur, qui rappellerait celle de la Méditerranée, si elle était un peu moins verte. A droite, nous apercevons l'abbaye de Haute-Combe, sépulture de la maison de Savoie, et, au fond, dominée par la montagne, Aix-les-Bains, charmante petite ville joliment située au bord du lac.

Nous filons vite, notre locomotive souffle, gémit, elle a fort à faire pour gravir la rampe qui nous conduit au tunnel du Mont-Cenis (1,200 mètres environ au-dessus du niveau de la mer), et bientôt nous nous enfonçons dans le flanc de la montagne. Pendant vingt-cinq minutes, nous sommes dans une obscurité profonde ! Tout à coup la lumière reparaît, et nos yeux éblouis ont peine à saisir la beauté du paysage qui se déroule à notre gauche. La descente est rapide, nous marchons à toute vapeur, les tunnels se succèdent, ils sont courts heureusement ; entre chacun, nos regards étonnés plongent dans des vallées d'une profondeur effrayante et contemplent avec ravissement les flancs escarpés de la montagne, couverts de petites maisons blanches, et des vignes superbes, dont le feuillage commence à s'empourprer, ce sont de véritables éclairs. Ces vignes, nous dit-on, produisent un vin renommé.

Ici, Messieurs et chers Collègues, commence véritablement l'Italie, et, vous l'avouerai-je, je suis un peu embarrassé dans mon récit. Dois-je vous parler exclusivement d'horticulture, ou bien faut-il y ajouter un peu d'art? Mon hésitation n'est pas de longue durée, car, vous en conviendrez volontiers, l'horticulteur, dont la vie s'écoule à créer des merveilles, doit nécessairement aimer les arts. Je pourrais presque dire que l'horticulture ne fait qu'un avec les arts. Le frémissement du vent dans les forêts a été le commencement de la musique, l'architecture multiplie dans ses ornements les feuilles d'acanthe, de chêne et de laurier, et la peinture est la reproduction fidèle des beautés de la nature.

Je vous entretiendrai donc, Messieurs et chers Collègues, le plus possible des richesses horticoles de l'Italie, mais je vous parlerai aussi des richesses artistiques si nombreuses dans ce beau pays.

Nous traversons le Piémont dont les habitants sont occupés aux derniers travaux de la culture du chanvre, (vous savez que c'est la principale production de cette province); puis les belles plaines de la Lombardie, où nous remarquons d'immenses pâturages, beaucoup de mûriers, et déjà quelques vignes en guirlandes dans les grands arbres. Nous arrivons à Milan, nous nous y arrêtons juste le temps nécessaire pour visiter le Dôme (la cathédrale) et admirer quelques peintures.

Le Dôme, tout en marbre blanc, avec ses nombreuses aiguilles, ses statues plus nombreuses encore, environ six mille, m'a laissé assez froid au premier abord; mais en pénétrant sous ses voûtes élancées, en contemplant la légèreté de ses piliers, la profondeur de ses nefs, j'ai compris toute la beauté de ce merveilleux édifice. En sortant, parcourons rapidement la galerie Victor-Emmanuel, magnifique passage vitré formant une croix avec coupole au milieu, puis rendons-nous à Santa-Maria-delle-Grazie pour contempler les restes, malheureusement bien effacés, de la Cène, le chef-d'œuvre de Léonard de Vinci; voyons aussi dans l'église de belles peintures de Luini, remarquables par le charme et l'expression des figures.

Reprenant notre course rapide à travers les plaines si fertiles de la Lombardie, nous côtoyons le joli lac de Garde, et, après quelques heures de marche, nous arrivons à Venise, l'inoubliable Venise assise au milieu des lagunes, avec ses gondoles, son grand canal et le Rialto, son palais des Doges et le pont des Soupirs, son Saint-Marc, sa loggetta et son campanile.

Je crois, Messieurs et chers Collègues, que quoi que je puisse vous dire, vous vous ferez une idée bien incomplète de l'impression ressentie par le voyageur doucement balancé dans sa gondole, quittant le bruit du chemin de fer et tombant subitement dans un silence profond, interrompu seulement, au tournant des canaux, par le cri plaintif des gondoliers indiquant leur marche. A Venise, tout est étonnement !

Vous croyez peut-être que l'horticulteur n'a rien à voir dans cette ville bâtie dans la mer ? Détrompez-vous : Venise a son jardin public admirablement dessiné, planté de grands et beaux arbres avec des pelouses, des massifs de fleurs, éclairé le soir par la lumière électrique, et d'où l'on aperçoit dans le lointain le Lido, le rendez-vous de tous les Vénitiens.

Je ne puis, Messieurs et chers Collègues, vous décrire ici Saint-Marc et ses mosaïques si curieuses, ni le palais des doges avec ses salles du conseil et des sénateurs dont les plafonds sont peints par le Titien et Paul Véronèse ; je ne puis non plus vous énumérer les richesses artistiques renfermées dans les églises et dans les musées de Venise, d'autant qu'elles sont fort nombreuses ; il me suffira de vous dire que les Palma jeune et vieux, les Carpaccio, les Tintoret, les Paul Véronèse et les Titien y abondent.

Mais il nous faut quitter cette ville unique au monde et reprendre notre course à travers la Lombardie, puis la Toscane, où nous sommes en pleins Apennins : c'est vous dire les admirables points de vue qui se succèdent devant nos yeux. Nous franchissons les torrents, nous gravissons les montagnes, admirant les bois de chênes verts qui, parfois, bordent le chemin de fer, et nous sommes transportés à Florence, une des villes d'Italie les plus riches en souvenirs artistiques.

Je vous citerai particulièrement le dôme, œuvre admirable de Brunelleschi, le campanile, le baptistère, dont les portes de bronze sont célèbres. Michel-Ange disait de celle de l'est, qu'elle mériterait d'être la porte du paradis, la chapelle des princes, où sont les tombeaux des Médicis ; enfin, dans la sacristie nouvelle de San-Lorenzo, les tombeaux de Laurent II et Julien II de Médicis, ornés des célèbres statues du Pensiero, (figure de Laurent II en méditation), du Crépuscule et de l'Aurore, puis celles de Julien II, du Jour et de la Nuit ; le voyageur s'arrête saisi d'admiration devant ces six statues qui sont l'œuvre de Michel-Ange.

Dans les Uffizi et dans le palais Pitti reliés ensemble par une longue galerie passant au-dessus de l'Arno, sont rassemblées, en grand nombre, des peintures et des sculptures remarquables. Parmi ces dernières admirons le Rémouleur, les Lutteurs, le Faune dansant et la Vénus de Médicis. Les œuvres des peintres les plus célèbres sont accumulées dans ces galeries ; je vous citerai simplement les noms des plus connus. Ghirlandajo qui a orné de ses fresques presque toutes les églises de Florence. Fra Angelico, les deux Palma, Salvator Rosa, Andrea del Sarto, le Pérugin, Paul Véronèse, Rubens, le Titien, Michel-Ange, enfin Raphaël dont vous me permettrez de citer les toiles les plus célèbres, pour vous faire apprécier dans une certaine mesure, les richesses artistiques de ces collections. Aux Uffizi nous trouvons la Fornarina, Saint-Jean dans le désert, la Vierge au Chardonneret, une autre Vierge sans nom, mais qui a beaucoup d'analogie avec la précédente. Au palais Pitti : Léon X avec les cardinaux de Médicis, Madeleine et Angiolo Doni, Jules II, la Sainte Famille dell'unpannata, le cardinal Bibbienna, le portrait d'Inghirami, la Madona del Baldacchino, enfin les trois toiles si célèbres de ce grand peintre, la vision d'Ezéchiel, la Vierge à la Chaise, et la Madone dite du Grand-Duc.

En sortant du palais Pitti nous traversons le jardin Boboli dessiné un peu dans le genre de celui de Versailles. Derrière le Palais ce jardin s'élève en amphithéâtre dominé par des terrasses d'où l'on a une belle vue. Nous remarquons plusieurs belles allées bordées de Mimosas, beaucoup de chênes verts, enfin des rocailles qui manquent de naturel.

Aux portes de Florence nous visiterons encore la magnifique promenade Viale dei Colli, consistant en de larges allées tracées sur les collines qui dominent la ville au sud et qui conduisent jusqu'à San Miniato al Monte, Campo-Santo (cimetière) de Florence d'où on a une vue splendide et très étendue. Ce cimetière est entièrement dallé en marbre blanc, et renferme plusieurs tombeaux également en marbre blanc, aux sculptures remarquables, mais étranges de composition. En descendant, à mi-chemin environ, nous trouvons la place Michel-Ange, au centre de laquelle s'élève un monument surmonté d'une copie en bronze du David de ce grand sculpteur. Ce monument a été inauguré le 14 septembre 1875, pour le quatrième centenaire de Michel-Ange.

Mais, Messieurs et chers Collègues, je vous retiens peut-être trop longtemps à Florence, et nous devons nous remettre en route. Remarquons tout le long de la voie et surtout dans les jardins des gares les magnifiques Eucalyptus que la compagnie, avec beaucoup d'intelligence, et surtout une grande prévoyance, a fait planter en grand nombre. En effet nous approchons de la campagne Romaine où souffle la Malaria, et les populations doivent de la reconnaissance à ceux qui ont semé partout ces puissants fébrifuges. Quels beaux arbres, quelle végétation luxuriante ! Nous sommes toujours entre deux chaines de montagnes. Sur leurs croupes nous admirons tantôt des vignes chargées de grappes superbes, tantôt des oliviers qui portent des fruits abondants. Nous arrivons promptement sur les bords du lac de Trasimène qui nous fait penser aux grandes luttes des Romains et des Carthaginois.

Nous voilà enfin dans la campagne Romaine ; plus de montagnes, mais un sol tourmenté ne produisant que de maigres pâturages ou des champs immenses de roseaux. Peu ou pas d'arbres, partout des ruines provenant d'anciennes constructions romaines, dominées par les aqueducs qui, depuis les Césars, amènent des torrents d'eau dans la Ville éternelle, où nous faisons notre entrée par la Porta Nuova.

Ici, Messieurs et chers Collègues, les monuments anciens sont mêlés aux monuments modernes. Le Vatican et la basilique de Saint-Pierre touchent le mausolée d'Adrien ; le Colisée, les arcs de Titus et de Constantin touchent le Capitole. Quelle émotion en contemplant ces restes imposants de la puissance romaine, dus au travail si dur et si pénible des esclaves, et ces merveilles des temps modernes dues à une civilisation essentiellement moralisatrice.

Passons rapidement en revue les antiquités romaines : nous commencerons par l'extrémité ouest, et nous trouvons sur les bords du Tibre le mausolée d'Adrien devenu le fort Saint-Ange dans les cachots duquel fut enfermée la malheureuse Béatrix Censi. Puis, en nous avançant dans l'intérieur de la ville, le Panthéon, construction de style sévère sous les voûtes duquel nous remarquons le tombeau de Victor-Emmanuel ; un peu plus loin la colonne Antonine et la colonne Trajane, superbes monuments en marbre blanc couverts de bas-reliefs retraçant les victoires des empereurs romains Antonin et Trajan.

Nous voici rendus au Forum. Ici les monuments se pressent : nous remarquons d'abord trois colonnes, restes du temple de Vespasien, à côté dix autres colonnes qui formaient le portique du temple des Dii consentes, puis, assez bien conservé, l'arc de Septime Sévère, à côté les Rostres, tribunes où se traitaient les affaires de la République romaine, à la suite le temple de Saturne, la colonne de Phoeas, la basilique Julia, le temple de Castor et Pollux, celui d'Antonin et de Faustine dont il reste dix belles colonnes, la Basilique de Constantin, le temple de Vénus et de Rome, l'arc de Titus, le plus petit, mais le plus beau des arcs de triomphe parvenus jusqu'à nous, la Meta Sudens, borne fontaine reconstruite par Domitien, l'arc de Constantin, enfin le Colisée !

Le Colisée, *colosseum* (colosse) ! comme ce nom dépeint bien l'amphithéâtre Flavien, le plus grand monument connu. Pourrez-vous, Messieurs et chers Collègues, sans l'avoir vu, vous faire une idée exacte du Colisée avec, à l'extérieur, ses trois étages de portiques surmontés d'un attique, à l'intérieur, ses quatre étages de gradins sur lesquels pouvaient prendre place cent-vingt mille spectateurs. Combien j'aurais de choses à vous dire sur cet imposant monument, si je me laissais aller à mes impressions ; mais je dois les refouler. Pourtant il est un détail que je ne puis omettre, c'est qu'après bien des siècles d'oubli ou même des mutilations barbares, ce sont les Français qui déblayèrent le Colisée et qui s'occupèrent de sa restauration.

Nous terminerons notre revue des anciens monuments par les Thermes de Caracalla peu éloignés du Colisée. Là encore nous retrouvons les traces de la grandeur romaine. Ces Thermes sont dans de telles proportions que des milliers de citoyens romains pouvaient facilement s'y trouver réunis. Il y avait des bains froids, des bains chauds, des salles de transpiration, des salles de gymnastique, en un mot, tout ce qui peut contribuer à conserver aux membres de l'homme leur élasticité.

Mais, Messieurs et chers Collègues, revenons bien vite sur nos pas et examinons les monuments modernes. Cette fois nous irons de l'est à l'ouest et nous visiterons rapidement la basilique de Saint-Paul, hors les murs, reconstruite avec une grande magnificence, il y a peu d'années, par le pape Pie IX, puis Saint-Jean de Latran avec son baptistère, San Pietro in Vincoli où nous nous arrêterons devant le tombeau de Jules II. C'est là que se trouve le célèbre Moïse de Michel-Ange. Voyez-vous, Messieurs, comme la vie semble s'agiter sous cette enveloppe de marbre ? quel regard profond et imposant. Il est impossible de rester froid devant ce chef-d'œuvre du plus grand sculpteur des temps modernes. Puis nous entrerons dans la basilique de Sainte-Marie Majeure où abondent, comme dans toutes les basiliques de Rome, le porphyre, les marbres précieux et les agathes les plus rares.

Nous arrivons au Quirinal, vaste palais sans architecture devant lequel sont deux statues colossales, Castor et Pollux domptant des chevaux, attribuées à Phidias et à Praxitèle ; puis nous repassons devant le mausolée d'Adrien, et peu après nous nous trouvons sur la place Saint-Pierre. A droite et à gauche se déroule la double colonnade du Bernin, devant nous est l'obélisque, au fond un vaste escalier à trois rampes surmonté de la basilique de Saint-Pierre.

Pénétrons, si vous le voulez bien, dans cette basilique qu'on appelle la grande magnificence de Rome. Il y a une telle harmonie dans tout l'ensemble de ce vaste édifice qu'au premier abord Saint-Pierre ne vous étonnera pas, mais peu à peu votre regard cherchera des points de comparaison et alors vous resterez surpris devant l'immensité de cette basilique. Laissez-moi vous citer quelques chiffres : Sainte-Sophie a 110 mètres de longueur, le dôme de Milan 135, celui de Florence 149, Saint-Paul de Londres 157, Saint-Pierre, non compris son portique, a 187 mètres de long, 137 de large et la croix qui surmonte son dôme s'élève à 134 mètres. A l'intérieur vous remarquerez de nombreux tombeaux de Papes, et sur les autels des mosaïques, admirables reproductions des chefs-d'œuvre des plus grands peintres : entre autres, dans la nef de droite, la communion de saint Jérôme, d'après le Dominiquin ; dans celle de gauche, la Transfiguration, d'après Raphaël.

Sortons à regret, Messieurs et chers Collègues, et entrons au Vatican. Visitons d'abord la chapelle Sixtine qui renferme les fresques de Michel-Ange. Le Jugement dernier en occupe le fond ; cette peinture étonne plus qu'elle ne charme, mais pourtant on ne peut s'empêcher d'admirer le mouvement aérien imprimé aux personnages : les uns, ceux de droite, semblent attirés vers le ciel ; les autres, ceux de gauche, emportés dans les enfers. Au plafond, Michel-Ange a peint des scènes de l'Ancien Testament. Quittant la chapelle Sixtine, nous nous rendons aux chambres de Raphaël. Elles sont au nombre de quatre et sont entièrement peintes à fresque par ce grand peintre. Je ne puis que vous citer les noms de ces différentes chambres, les sujets, du reste, sont très connus et vous en avez peut-être vu quelques reproductions.

La première est la chambre de l'Incendie du Bourg, la deuxième la chambre de l'Ecole d'Athènes, la troisième celle d'Héliodore, enfin la quatrième la chambre de Constantin. Traversons rapidement les loges de Raphaël, galeries renfermant cinquante-deux peintures reproduisant les principaux faits de l'Ancien et du Nouveau Testament, et entrons dans le musée du Vatican proprement dit. Peu de tableaux, mais tous de premier ordre, parmi lesquels je vous citerai la Vierge au donataire de Raphaël, puis ceux dont je vous parlais tout-à-l'heure, la communion de saint Jérôme, le chef-d'œuvre du Dominiquin, placé en face de celui de Raphaël, la Transfiguration du Christ, proclamé le chef-d'œuvre de la peinture.

Au Vatican nous parcourerons aussi le musée de sculpture grecque et romaine qui ne contient pas moins de 2,000 statues. Je vous en nommerai quelques-unes : la Vénus de Praxitèle (je suis à peu près l'ordre des chambres), l'Apollon Sauroctone, le Laocoon, le Torse, le Mercure et l'Apollon du Belvédère, la statue de Méléagre, chef-d'œuvre de la sculpture grecque, le Discobole, enfin la Vénus accroupie, le chef-d'œuvre des chefs-d'œuvre.

Avant de quitter Rome, gravissons le Pincio, ravissante promenade sur le mont de ce nom, au sommet de laquelle nous monterons en voiture et d'où nous verrons se dérouler à nos pieds la Ville éternelle. Ici, Messieurs et chers Collègues, j'appelle particulièrement votre attention et je vous prie de remarquer les splendides chênes verts dont les rameaux forment au-dessus de nos têtes des voûtes impénétrables aux rayons du soleil, au bord des allées les Mimosas au feuillage élégant, dans les massifs les Daturas en arbres couverts encore de leurs longs cornets blancs et dans les pelouses les Phœnix, les Chamerops dont les têtes atteignent presque celles des grands arbres. De la terrasse qui domine la place del Popolo, nous jetons un dernier adieu à la capitale de l'Italie et nous partons pour Naples.

De Rome à Naples le pays est très accidenté; les montagnes succèdent aux montagnes présentant, sur leurs flancs tantôt des bois de chênes, tantôt des vignes ou des oliviers. Dans les vallées dont le sol paraît très fertile nous voyons des champs de maïs et de gracieuses guirlandes de vignes grimpant jusqu'au sommet des grands arbres; sur le bord de la voie encore de beaux Eucalyptus. A 33 kilomètres de Naples, nous apercevons à notre gauche Caserte et son château, ancienne résidence d'été des Rois de Naples. Le château, les jardins, les cascades rappellent en petit Versailles.

Ce qui frappe surtout en arrivant à Naples, c'est l'animation de la ville! Au sortir de la gare l'étranger est harcelé, tourmenté par les guides, les cochers et les facchini; il ne sait où donner de la tête; mais ne nous arrêtons pas à tout ce bruit et rendons-nous promptement sur le quai Santa-Lucia, afin d'admirer le beau golfe de Naples, borné au N.-O. par les îles d'Ischia et Procida et au S.-E. par la pointe de Sorrente et la charmante île de Capri; à notre gauche nous apercevons le Vésuve nu et sombre surmonté d'un beau panache de fumée. Mais continuons notre course et parcourons la belle promenade de la Riviera di Chiaja qui borde le golfe au nord, avançons encore et gravissons la Strada nuova di Posilipo, superbe route qui s'élève sur le promontoire de Pausilippe. De là nous apercevons le golfe dans toute son étendue, c'est un spectacle admirable. Puis nous descendons la pente du côté d'Ischia et Procida et nous rentrons en ville par la grotte de Pausilippe, grotte de Séjan, tunnel long de 900 mètres qui, à son entrée, a 30 mètres d'élévation.

Autour de Naples les chemins sont bordés d'Aloës énormes formant des barrières infranchissables. De distance en distance nous apercevons des Figuiers de Barbarie portant des fruits qui commencent à mûrir. Les rochers, jusque dans la ville même, sont couronnés de Ficoïdes dont les longs rameaux flexibles descendent presque jusqu'à terre : pendant la belle saison ces plantes se couvrent de fleurs innombrables, aussi ces nappes de verdure constellées de rose et de jaune, doucement balancées par le vent, font l'effet de véritables tentures, ce qui donne à la campagne un grand air de fête.

Avant de visiter la ville, parcourons les environs et poussons jusqu'à Sorrente, le pays des orangers et des citronniers : rien de pittoresque comme cette petite ville assise sur les rochers à pic au-dessus de la mer. De Castellamare à Sorrente la route est un éblouissement perpétuel. Disons en passant que les Italiens ont une manière particulière et très juste pourtant d'appeler certaines routes, ils les nomment rivières : Riviera di Chiaja, la Rivière de Gênes, celle de Nice. Cette appellation qui, au premier abord, paraît bizarre, est pourtant exacte comme je viens de vous le dire, et nulle part, je crois, elle ne peut être mieux appliquée qu'à la route de Sorrente. En effet, de Castellamare à Sorrente, la route serpente sur les flancs escarpés des montagnes : elle coule, si je puis parler ainsi, sous des bois immenses d'oliviers gigantesques sous lesquels nous admirons des Diospiros, des orangers et des citronniers superbes couverts de nombreux fruits jaunissants.

Comment, Messieurs et chers Collègues, ne pas vous parler du Vésuve. Mais Naples, Pompéi, Herculanum et le Vésuve sont si intimement unis, ils se complètent tellement pour les voyageurs, qu'il m'est impossible de ne pas vous raconter notre excursion sur le volcan, d'autant que c'est une des choses qui m'ont le plus impressionné en Italie. Suivez-moi donc, je vous prie, et gravissons la montagne.

A ses pieds, admirons en passant des champs de cotonniers,

plus haut les vergers plantés d'orangers et de grenadiers dont les fruits entr'ouverts nous montrent leurs perles grenat, plus haut encore, poussant dans les cendres vomies par le volcan, des vignes superbes qui produisent le vin si renommé, le Lacryma Christi. Puis, la végétation cesse ; nous montons toujours et, de certains points élevés, on nous montre les coulées de laves de 1872 et 1883 qui ont semé partout sur leur passage la stérilité et la ruine. Ici, il nous faut laisser nos chevaux et continuer l'ascension à pied, nous avons encore à gravir sept ou huit cents mètres.

Le premier tiers est fort pénible, on monte dans de la cendre ; au-dessus nous atteignons les laves : le sol qui cédait sous nos pas devient résistant, aussi nous montons plus facilement. Nous voici au dernier tiers, nous commençons à percevoir les mugissements du volcan : de petits cratères dans lesquels il est impossible de tenir la main, laissent échapper des vapeurs sulfureuses ; par la bouche d'un autre, nous apercevons les flammes et nous entendons le ronflement de l'immense incendie qui est sous nos pieds ; nous montons toujours et nous voilà dans le cratère ! Le sol qui frémit brûle nos pieds, les vapeurs sulfureuses menacent de nous suffoquer et pourtant nous ne pouvons nous arracher à la grandeur du spectacle qui se déroule sous nos yeux. Tout autour du cratère brillent des cristaux, les uns jaunes, d'autres violets, enfin d'autres rouges ; au centre se trouve un cône peu élevé formé par les déjections continuelles du volcan ; c'est à son sommet que s'ouvre le cratère véritable d'où sortent des torrents de fumée. Là, bouillonne la lave incandescente ; à chaque seconde la masse en fusion s'entr'ouvre, les flammes jaillissent et le volcan lance à de grandes hauteurs des pierres incandescentes, cela accompagné de détonations épouvantables.

Il nous faut pourtant quitter ce spectacle qui captive tout

en causant une impression de terreur. Si la montée a été rude, nous avons mis environ cinq quarts d'heure à gravir la montagne, la descente est facile et, en dix minutes, nous retrouvons nos chevaux et nous descendons à Pompéi, la plus grande curiosité de l'Italie.

Vous figurez-vous, Messieurs et chers Collègues, une ville engloutie subitement, au milieu des fêtes, en l'an 79 après Jésus-Christ, dans une épouvantable catastrophe, et qu'on retrouve vivante après 1800 ans d'ensevelissement! Oui, Messieurs, vivante, car non seulement les maisons existent, nous pouvons errer dans les rues de la ville, suivre la trace des chars sur les dalles, mais nous trouverons à Naples, c'est pour cela que je ne vous en ai pas parlé tout de suite, l'âme de Pompéi, si vous me permettez de parler ainsi, c'est-à-dire tout ce qui est nécessaire pour la vie, les aliments, les vêtements, les meubles, les armes, tout, jusqu'aux objets les plus délicats, puisqu'au musée Borbonico, à Naples, on peut voir, parfaitement conservé, un filet aussi fin que ceux qui, de nos jours, emprisonnent les cheveux de nos élégantes.

Parcourons rapidement la ville : nous entrons par la porte marine (Pompéi, avant la catastrophe, était un port, depuis, la mer s'est reculée de trois kilomètres) et nous trouvons bien vite le temple de Vénus, puis le Forum, le temple de Jupiter, le grand et le petit théâtre, l'école des Gladiateurs, les Thermes, une des plus intéressantes curiosités de Pompéi : on voit encore dans une salle voûtée et richement décorée trois beaux bancs en bronze entourant un immense réchaud également en bronze, encore rempli de cendres, reste des charbons qui y brûlaient il y a 1800 ans. A quelque distance de ces Thermes, nous trouvons la porte d'Herculanum qui nous mène directement à la voie des Tombeaux, où nous pouvons admirer, à droite et à gauche, de magnifiques mausolées. Au bout de cette rue, à gauche, nous entrons dans la villa de Diomède, une des rares maisons de Pompéi ayant eu plusieurs étages. Dans les souterrains nous apercevons, le long des murs, les empreintes des cadavres de plusieurs personnes qui périrent dans l'épouvantable catastrophe.

Transportons-nous maintenant à Naples, Messieurs et chers Collègues, et entrons tout de suite au musée Borbonico. Vous parlerai-je des statues antiques qui y sont si nombreuses, des Vénus pudiques (il y en a sept ou huit) dont plusieurs ont été trouvées à Pompéi, de la Diane d'Éphèse, de la Psyché, tête d'une pureté exquise, de la Vénus Callypige, statues qui font rêver le voyageur, de l'hercule Farnèse ou du fameux groupe du Taureau farnèse, chef-d'œuvre de la sculpture grecque, ou bien encore de tous les bronzes trouvés dans les cendres de Pompéi. Vous décrirai-je les fresques si remarquables comme dessin et vivacité de couleurs, trouvées également à Pompéi et transportées à Naples dans ces dernières années ? Non, Messieurs, cela nous entraînerait trop loin ; je craindrais, d'ailleurs, d'abuser de votre patience, je vous conduirai tout de suite à ce que j'appelle l'âme de la ville retrouvée, c'est-à-dire dans les salles où vous verrez avec un profond étonnement tous les objets usuels qui servaient aux Romains il y a 1800 ans, vous y verrez même beaucoup de leurs aliments.

En effet, dans une salle du premier étage nous remarquerons des pains trouvés dans le four d'un boulanger, puis des fruits, des raisins, des noix, des châtaignes. Plus loin des bijoux en or parfaitement ciselés, des bagues, des bracelets. Dans une autre salle divers ustensiles de ménage, des passe-bouillon aussi finement percés que nos cuillères à sucre râpé, de nombreuses casseroles en airain, d'autres en argent, plusieurs plats fort élégants de ce même métal ; à la suite, des instruments de dentistes, pinces, clefs, etc., des lancettes, des bistouris, ayant appartenu à des médecins. Au rez-de-chaussée sont les casques, armes et armures des gladiateurs, les épées et les glaives des soldats, enfin les trompettes des fêtes sacrées.

Je vous ai peut-être retenus trop longtemps à Naples, Messieurs et chers Collègues, mais songez à l'effet produit sur le voyageur par la visite d'une ville engloutie pleine de vie, au milieu des fêtes, et qu'on livre à votre examen, même jusque dans ses plus petits détails, après dix-huit siècles d'ensevelissement.

Du reste, Messieurs, notre voyage s'avance, nous n'avons plus beaucoup de villes à parcourir et, dans celles où nous nous arrêterons, nous ne ferons pas un long séjour. Ainsi à Pise, nous visiterons seulement la Tour penchée, le Campo-Santo, le Baptistère et le Dôme. On ne parle vraiment pas assez de ces deux derniers monuments qui sont pourtant des merveilles d'architecture. A Gênes la Superbe, nous admirerons ses palais et son golfe qui, en petit, rappelle celui de Naples. J'oubliais de vous dire que nous parcourons un pays tellement accidenté, que de Pise à Gênes, en 91 kilomètres, nous traversons 89 tunnels. Nous reprenons le chemin de fer et nous arrivons à Monaco.

Monaco ! ce nom éveille dans vos esprits des idées bien différentes, n'est-ce pas ? D'abord vous pensez à cette petite principauté qui vit toujours indépendante, avec son prince régnant entouré de ses heureux sujets (ils ne paient, dit-on, aucun impôt), et disposant d'une armée de cent hommes environ, compris les gendarmes qui sont au nombre de vingt-cinq. Puis, votre esprit se reporte sur la maison de jeu avec ses ardentes convoitises suivies souvent, hélas ! de désespoirs profonds.

La principauté de Monaco se compose de trois petites villes qui se touchent : Monaco, la capitale, sur son rocher à pic, La Condamine sur l'étroite langue de terre qui réunit Monaco au continent, enfin Monte-Carle, sur la terre ferme. C'est sur le territoire de cette dernière que se trouve la maison de jeu et c'est là aussi que nous nous arrêterons.

Monte-Carle est un site enchanteur ; dans aucun pays je n'ai rencontré une plus belle végétation, une situation plus séduisante. La petite ville est en amphithéâtre, sur la montagne. Les jardins de la maison de jeu qui la touchent, descendent en pente douce jusqu'aux rochers qui bordent la Méditerranée ; les eaux bleu indigo de cette mer si belle servent de cadre à ce ravissant tableau. Dans ces jardins, les végétaux de toutes les parties du monde mêlent leurs feuillages si différents et forment un ensemble qui étonne et charme le regard.

Les gazons ont quelque chose d'onduleux et de chatoyant qui les fait ressembler à un tapis de peluche vert émeraude. Les roses sont encore nombreuses : on remarque surtout Safrano et M<sup>me</sup> Falcot. Laissez-moi vous citer quelques-uns des magnifiques végétaux qui ornent ce jardin. Les Poivriers au feuillage si élégant, aux superbes grappes rouges, sont mêlés aux différentes variétés de Mimosas. J'y ai remarqué des Caoutchoucs (*Ficus elastica*) presque aussi grands que les énormes Magnolias qui ornaient notre Jardin des Plantes et que l'hiver de 1879-80 nous a malheureusement emportés. Des Dattiers de taille gigantesque couverts de dattes, des Agaves de toutes sortes.

La famille des Palmiers y est fort nombreuse. J'y ai vu les *Chamærops excelsa, humilis* et *elegans* que vous connaissez tous, puis le *Pritchardia Filifera* de la Californie : c'est un arbre d'une assez grande taille, le *Brahea Roezli* au feuillage bleu, également de la Californie, le *Brahea egregia* et le *Brahea nobilis* du Mexique ; le *Phœnix dactylifera*, le *Phœnix canariensis* des îles Canaries ; le *Phœnix sylvestris* de l'Amérique méridionale et le *Phœnix pumilis* de l'Asie ; le *Sabal*

*Adansoni* de l'Amérique méridionale ; le *Thrinax chuco* du Paraguay ; enfin le *Jubœa spectabilis* du Chili.

Puis, dans un autre genre, le *Corynacarpus*, le *Templetonia retusa* et le *Grevillea* de la Nouvelle-Hollande, le *Dasylirion serratifolium*, le *Wigandia caracascora* du Mexique, l'*Hedychium gardnerianum* des Indes-Orientales et le *Brachychiton* d'Australie.

Je termine, Messieurs et chers Collègues, cette nomenclature, un peu longue il est vrai, mais qui était nécessaire pour vous faire connaître les beaux végétaux cultivés dans les jardins de Monte-Carle, qui sont pour moi le *nec plus ultra* de l'horticulture, et je vous conduis bien vite à Nice, puis à Cannes, où il me reste peu de choses à vous montrer. Pourtant nous parcourerons ensemble, à Nice, la promenade des Anglais, plantée de superbes Phœnix et de Lauriers roses et celle du Vieux-Château où vous verrez avec un certain étonnement des massifs de Primevères de Chine qui doivent passer l'hiver en pleine terre. A Cannes, nous entrerons dans le jardin des Hespérides, magnifique parc planté presque entièrement en orangers et en citronniers. Ne craignez rien, le gardien, moins farouche que celui de la fable, vous permettra même, si tel est votre désir, de monter dans les orangers et de cueillir les fruits qui pourraient vous convenir. Ce parc renferme, en outre, des arbres d'un grand prix, entre autres un Cocotier dont le propriétaire a refusé 18,000 fr. et une variété d'Araucaria dont le pareil, planté dans le parc de la B$^{ne}$ de Rothschild, revient à 30,000 fr.

Abandonnons à regret, Messieurs et chers Collègues, ces pays aimés du soleil, reprenons notre chemin vers l'Ouest, région un peu brumeuse, nous devons l'avouer. Pourtant, avant de quitter le Midi de la France, contemplons, du haut des rochers de Notre-Dame-de-la-Garde, l'admirable panorama de la Méditerranée, aux eaux d'un bleu intense, encadrée par les montagnes qui dominent la grande et belle ville de Marseille, c'est une vue qui fait rêver de l'Orient.

La distance est grande, Messieurs et chers Collègues, entre Marseille et Nantes, et nous n'avons plus rien à admirer ; nous remarquerons pourtant en passant sur les bords du Rhône que les vignes sont déjà inondées dans le but de combattre leur redoutable ennemi, le phylloxera. Mais quelque longue que la route puisse être, laissez-moi espérer qu'elle vous paraîtra courte, car nous la parcourerons en devisant du grand voyage que nous venons de faire. Laissez-moi espérer surtout que ce grand voyage vous a semblé aussi court qu'à moi et que vous en conserverez, ne fût-ce qu'un seul, des innombrables et si séduisants souvenirs que, pour toujours, il a gravés dans mon esprit.

Nantes, 2 décembre 1888.

C. RENAULT

Extrait des Annales de la Société nantaise d'Horticulture. — 1er trimestre 1889

Imp. vᵉ Camille Mellinet, pl. Pilori, 5. — L. Mellinet et Cⁱᵉ, sucrs.

www.ingramcontent.com/pod-product-compliance
Lightning Source LLC
Chambersburg PA
CBHW071432060426
42450CB00009BA/2146